VIRGILE

AUX BERGERS OUBLIEUX

ÉGLOGUE INÉDITE.

—⁓⁓⁓⁓—

VERSAILLES

IMPRIMERIE-LIBRAIRIE BEAU JEUNE,

Rue de l'Orangerie, 36.

—

1860.

VIRGILE

AUX BERGERS OUBLIEUX

EGLOGUE INÉDITE.

Une belle journée à Versailles. — Ce qu'on dit. — Ce qu'on ne dit pas. — Ce qu'il conviendrait de dire à l'ouverture de toutes les vacances. — Eglogue inédite, Virgile aux bergers oublieux.

I

Versailles est toujours pour moi le pays des fêtes, mais il l'est bien davantage encore dans la riante saison qui couronne à la fois les travaux des maîtres et ceux des élèves, en portant au cœur des familles quelques nouvelles joies. L'établissement que dirige avec un succès toujours croissant, sous les auspices de M. l'abbé Pillon, fondateur du *Rosier de Marie*, Madame Antonia Fessard, est loin d'être en *déficit*, sous ce rapport ; et le projet, définitivement arrêté, de remplacer l'ancien local par un plus convenable et qui réponde mieux au nombre des élèves et à la sollicitude, toujours si légitime, des familles pour la santé des enfants, ne peut être que de très-bon augure pour l'avenir de cette maison. Mais, parmi les recommandations qui, d'ailleurs, ne lui manquent pas, il en est une qu'il nous peine de dire par l'intérêt qu'inspire la courageuse directrice, je parle d'une santé bien chétive qu'elle ne ménage point assez, ou plutôt qu'elle dépense sans aucune mesure, car on peut dire que cette excellente dame achève d'user la fleur de ses meilleures années dans les travaux sans fin d'une vigilance de toutes les heures et de tous les instants.

La vigilance ! quel étrange mot, à l'ouverture d'une époque qui pour beaucoup veut dire : repos, sommeil, oubli, loisirs, chômage et *vacances* enfin ; car, pour bon nombre, le mot vacances ne signifie rien de plus ; et pourtant je voudrais bien ne pas fermer ce bulletin de fête sans essayer d'émettre ici une pensée utile, c'est que la surveillance qui expire en ces jours au seuil de toutes les classes, ne s'en éloigne quelques mois que pour revivre sous des noms plus aimables au sein de toutes les familles.

C'est donc au foyer domestique que tous les élèves vont la retrouver toute vivante dans la tendresse éclairée d'un père, d'une mère, d'un parent chéri. L'an dernier, à pareil jour, j'adressai un semblable bulletin à ma propre mère, je n'ai plus aujourd'hui ni père ni mère auxquels je pourrais adresser mon épître; le Ciel les a rappelés depuis vers un monde meilleur. Mais puisque rien ne s'y oppose, j'en ferai hommage à l'aimable et digne supérieur du grand séminaire de Beauvais qu'ici, par avance, je me plais à préconiser comme le modèle accompli d'une infatigable vigilance.

II

« Monsieur le Supérieur,

» Je ne veux pas soulever le voile, et nommer la personne bienveillante qui m'a gratifié naguère d'un *on dit* que j'accepte de tout cœur : car un *on dit* est toujours acceptable, d'abord quand ce n'est ni une critique ni un éloge, mais simplement le témoignage d'un devoir accompli, et ensuite quand il tombe d'une bouche vénérée de laquelle on ne reçoit jamais que des choses aimables ; c'est à ce double titre, monsieur le Supérieur, que j'accepte comme venant d'une personne aimée un mot, une particule que je vais reproduire en toute franchise et simplicité.

» *On dit*, monsieur l'abbé, que, dans le seul espace d'une année, vous visitez au moins trois ou quatre diocèses, tandis que Monseigneur, votre digne et pieux évêque, malgré le zèle qui le consume et l'activité qui le caractérise, ne met pas moins que trois ou quatre années, pour parcourir tout son petit royaume.

» *On dit* que si vous n'êtes, comme les confiseurs, le partisan de tous les baptêmes, au moins, vous êtes, plus que bien d'autres, le partisan de toutes les retraites, le visiteur de toutes les maisons enseignantes, hospitalières, contemplatives, civiles , religieuses, ecclésiastiques, militaires, industrielles, agricoles, et que sais-je combien d'autres encore, sans parler de presbytère, ce résumé de tant d'utiles et saintes choses, car on prétend bien aussi qu'il n'y aura bientôt plus en France un seul presbytère qui ne vous ait vu au moins une fois.

» *On dit* enfin, car il faut abréger le chapitre, que familiarisé déjà avec toutes les grandeurs, vous avez, jusque dans les hautes régions du pouvoir, vos entrées faciles ; que vous parlez non-seulement à nos seigneurs les évêques, mais encore à messieurs les vicaires généraux, archiprêtres et archidiacres, comme vous parleriez au plus timide et au plus petit apôtre des champs.

» Sans nul doute, vos projets et vos vues, monsieur l'abbé, sont de tout point irréprochables, aussi ne vous fais-je pas un blâme de vous efforcer d'étendre, au sein de la famille humaine, le bienfait de vos courses lointaines et d'enregistrer soigneusement, sur votre *album* de voyage, tout ce qui vous semble de nature à intéresser la religion et à la rendre chaque jour plus aimable, elle si digne d'être aimée !... Recueillez donc avec courage, ne fût-ce qu'une pensée pieuse, une heureuse découverte, un exemple utile, enfin tout ce qui peut servir à dilater davantage l'empire du bien et le règne des vertus que, nous autres, nous ne savons point séparer du règne de Jésus-Christ et de son amour dans tous les cœurs.

» Voilà donc, monsieur l'abbé, ce qu'on dit, mais ce qu'on ne dit pas, c'est à vous de nous l'apprendre.

III

» Je m'empresse de satisfaire à ce désir, monsieur le Supérieur, en commençant par remercier l'oracle bienveillant de tout ce que vous venez d'entendre, comme d'un témoignage parfait qui dépose d'un devoir accompli.

» Vous savez, monsieur le Supérieur, que ce privi-

lége d'une position unique et presque tout exception-
nelle dans le diocèse, je le dois tout entier aux bien-
veillantes attributions qu'il a plu à mon supérieur de
me conférer. C'est donc acquitter une dette de reconnaissance que de les consigner ici pour l'édification
ou le besoin de ceux qui voudraient les connaître :

« Joseph-Armand Gignoux, par la miséricorde divine
et la grâce du Saint-Siége apostolique, évêque de Beauvais, Noyon et Senlis ;

» Permettons à monsieur l'abbé Vachette, prêtre de
notre diocèse, d'entendre les confessions, d'annoncer
la parole de Dieu, et de dire la sainte messe dans toutes
les églises, chapelles et communautés de notre diocèse,
avec l'autorisation de messieurs les curés et autres su-
périeurs locaux.

» Donné à Beauvais, sous notre seing, notre sceau et
le contreseing du secrétariat de l'Evêché, le vingt-
septième jour de juillet de l'an de grâce de Notre Seigneur Jésus-Christ 1854,

> » † JOSEPH-ARMAND, évêque de Beauvais,
> > » *Par mandement de Monseigneur,*
> > > » Laurent, secrétaire. »

» Dès ce jour, ainsi que vous l'avez pensé vous-même,
monsieur le Supérieur, j'étais autorisé à me considérer
comme un bon religieux, tenant à tous porte ouverte
et demandant à tout venant : Que désirez-vous? me
voici, je suis tout à vous. Mais si vous ne souhaitez que
me faire l'honneur de vous asseoir à ma table et par-
tager mon frugal repas, soyez le bienvenu, et soyez
sûr d'avance que le mets de fraternelle et respectueuse
cordialité ne vous manquera pas.

» Ce premier devoir étant rempli, dans l'enceinte de
la ville que j'habite, j'ai dû, comme cela était convenable, songer à en remplir un autre en dehors du lieu
de ma résidence, pour échapper au moins à la fatigue
du repos, et ne pas me consumer vainement dans
les frivoles loisirs d'une vie inoccupée. C'est alors,
monsieur le Supérieur, que j'ai commencé à mesurer
ma paroisse tout à l'opposé des coutumes ordinaires.

Car pour les curés ruraux, comme pour le curé diocé-
sain, notre digne et saint Evêque, la paroisse finit, soit
aux dernières habitations de la ville ou du village,
soit aux extrêmes limites du département, tandis que
pour moi, c'est aux dernières habitations de la ville
où je demeure, que ma paroisse commence, et elle
s'étend jusqu'aux extrêmes limites du diocèse où je
vis et encore par delà, mais toujours, bien entendu,
avec l'autorisation des ordinaires de chaque diocèse et
de chaque lieu.

» C'est donc ainsi, monsieur le Supérieur, et cela de-
vient maintenant facile à comprendre, que je ne suis
jamais plus dans ma paroisse que quand je quitte une
ville qui n'est qu'un tombeau pour moi, et dans laquelle rien ne m'engage à m'ensevelir tout vivant
pendant l'espace complet de trois cent soixante-
cinq jours. C'est ainsi que par le privilége même
de ma position, j'ai cru remplir encore plus un
devoir qu'un droit, en mettant à profit les moindres
occasions qui m'étaient offertes de faire quelques pas
utiles dans le diocèse, et quand Dieu l'a voulu, dans
quelques diocèses voisins : voilà peut-être, monsieur
le Supérieur, ce qu'à mon avis, on n'avait point jusqu'ici assez clairement exposé, mais cette lacune, si
c'en est une, est, je crois, aujourd'hui suffisamment
comblée.

» Enfin, ici comme partout ailleurs, des vacances
se sont ouvertes; que conviendrait-il de dire à l'ouverture de toutes les vacances?

IV.

» Je ne sais, monsieur le Supérieur, si rien n'est
plus propre à intéresser des familles franchement
chrétiennes, que le tableau d'une haute et bienveillante tutelle, noblement acceptée, telle qu'on la trouve
à cette époque dans tout le clergé catholique.

» Ne croyez pas, monsieur le Supérieur, que je sois
assez bizarrement bâti pour me faire accuser d'une
partialité ridicule, en vous récitant, ce que vous savez

mieux que moi, ce qu’il me serait si aisé et si agréable
de dire, tout le bien qui se fait dans un diocèse que
j’aime, qui est le mien, et dans lequel il y a tant d’œu-
vres excellentes, et tant de bons et d’excellents cœurs;
sous un prélat qu’on se plaît à bénir comme un exem-
plaire vivant de la vigilance pastorale.

» Je ne veux pas, monsieur le Supérieur, qu’on se
permette de traduire un langage sincère en flatterie
dérisoire; et c’est pour cela que j’applaudirai seulement à tout ce qui m’a paru bon à recueillir chez nos
voisins, de Soissons, d’Amiens, de Versailles, de n’im-
porte où, comme véritablement modèle et tout à fait
remarquable.

»On n’exagère point, croyez-le bien, monsieur le Supérieur, quand on dit qu’en France tout ce qui porte
un nom, prêtre ou laïque, s’annonce et se reconnaît
aisément par la distinction des manières, de la tenue,
du langage surtout. Partout le respect domine, partout
la familiarité passe pour être de mauvais ton et de
mauvais goût, et partout aussi disparaissent et le sans-
façon et le sans-gêne, et ces banales et vulgaires dé-
nominations, et ces appellations plus ridicules encore
de *mon cher*, surtout de supérieur à inférieur, parce
qu’ils dénotent toujours moins d’amitié que de mépris.
La dignité a un tout autre caractère, comme vous le
savez, monsieur le Supérieur, c’est tout autre chose
qu’une affaire de convention et de cérémonie; aussi
son origine n’est pas de cette terre, elle vient de plus
haut; et je me plais à dire, que dans tous les supé-
rieurs qui nous la représentent si noblement, la dignité m’apparaît comme un doux reflet de la majesté
et de la bonté de Dieu, comme un admirable et har-
monieux mélange de la grâce et de la puissance de
Celui qui règne dans les cieux, et qui, des hauteurs de
son trône éternel, ne croit point déroger à sa grandeur
souveraine, en abaissant un regard de complaisance et
d’amour vers tout ce qu’il y a de plus humble et de
plus petit sur cette terre, s’inclinant comme ferait une
mère vers tout ce qui souffre, prie, espère, croit et se
confie en lui dans ses travaux du jour, et qui se repose
tranquillement chaque soir sous l’œil d’une provi-

dence toute aimable qui toujours veille et ne sommeille jamais.

» Qu'on ne me demande pas où nos aïeux, nos pères d'autrefois, et nos augustes et vertueux pontifes, nos pères d'aujourd'hui, ont puisé cet idéal d'une vigilance que je n'ai pu prendre ailleurs que dans leurs écrits et dans leurs exemples, et dont ils font gloire présentement encore d'offrir au monde les plus beaux modèles, — où donc Dieu lui-même l'aurait-il puisé....., si ce n'est dans son cœur? car Dieu est tout cœur, puisqu'il est tout amour. Le cœur! voilà donc le grand mobile de toutes les vertus que la vigilance demande et suppose pour l'accomplissement de tous les devoirs qu'elle prescrit.

» Oui, sans doute, monsieur le Supérieur, il faut du cœur pour veiller, et il en faut beaucoup; il en faut toujours, partout et surtout là où se rencontre à chaque pas une faiblesse à soutenir, un malheur à consoler. N'en faut-il pas pour sentir, pour compatir, pour se dévouer; et n'avons-nous pas tous entendu dire de l'homme qui ne sent pas, qui ne compatit pas, qui ne sait payer ni de son temps ni de sa personne pour alléger la souffrance qui frappe également son oreille et ses yeux: non, cet homme-là n'aime pas, puisqu'il ne sent pas, puisqu'il ne compatit pas, puisqu'il ne sait se sacrifier en rien...; non, il n'a pas de cœur!!! C'est donc bien évidemment le cœur qui alimente et soutient la vigilance.

» Excuser et plaindre, tels seront aussi les attributs de la vigilance. Mais qui apprendra cette sublime science, beaucoup plus rare qu'on ne pense communément, si ce n'est le cœur? Et quel excellent cœur ne faut-il pas pour n'être pas un consolateur importun, plus blessant parfois qu'un ennemi même auquel on pardonne si volontiers? Et de quelle autre source auraient pu venir ces paroles si affectueuses et si bonnes que j'entendis naguère tomber d'une bouche d'évêque, bouche vénérée et chérie, que tout Amiens se plaît à bénir: — Mes enfants, disait à sa famille assemblée, dans une mémorable et solennelle entrevue, Mgr d'Amiens, je vous en conjure, ne vous étonnez pas plus que nous ne nous étonnons nous-même des malheurs qui peuvent nous atteindre les uns et les autres, aussi bien que le reste des pauvres mortels, dans cette grande mêlée où le vice et la vertu sont continuellement aux prises, et dans laquelle il n'est permis à personne de demeurer spectateur oisif et indifférent. Oh! non, croyez-le bien, Messieurs, non, les blessures des combattants ne nous indisposent ni ne nous étonnent jamais; car à nos yeux ce sont les blessures du zèle, les blessures de la charité; c'est la charité, c'est le zèle qui les procurent trop souvent aux plus dévoués de nos enfants ; car, encore une fois, qui est-ce qui vous porte à vous épargner moins que d'autres, et à vous exposer davantage aux traits de l'ennemi des âmes pour les lui arracher? N'est-ce pas le zèle et l'ardent désir que vous avez, Messieurs, de sauver enfin ces pauvres âmes qui périssent de toutes parts? Ah! comment donc nous autres, lorsqu'au retour du combat, nous vous voyons dans ces vastes ambulances où la miséricorde ne nous appelle que pour consoler, relever et guérir, comment pourrions-nous être sévères et grondeurs, nous les premiers invités à seconder la bonté du Seigneur sur tous, et qui venons remplir auprès de tous, sous son miséricordieux regard, l'office de cette ineffable et divine tendresse qui ne sait qu'accueillir et compatir, bénir et pardonner?.... Ah! soyons donc nous-mêmes, Messieurs, tout cœur et tout âme et ne soyons que cela!...

»Langage admirable que celui d'un cœur véritablement aimant! Aussi le bon évêque d'Amiens (et sous sous un nom aussi aimé je comprends, veuillez bien le croire, monsieur le Supérieur, non-seulement tous les bons Evêques de notre voisinage, mais l'Episcopat tout entier); le bon Evêque d'Amiens voulait, pour faire sa conférence, avoir son moment à lui, un moment choisi, et qui ne fût précédé ni suivi d'aucun genre de préoccupation, ni d'aucun exercice; c'est pour cela qu'il plaçait, dans les moments libres de la retraite, son allocution entre huit et neuf heures du matin, afin que son affectueuse parole pût laisser dans le sou-

venir de tous ses prêtres une impression plus du-
rable.

» Et pourtant, qu'il y a de distance encore de la
chaire à l'auditeur ! Et bien que cette distance, pour la
parole, qui la franchit avec la rapidité du rayon qui
porte la lumière, ne soit rien, c'est toujours la parole
qui vient de haut qui vient de loin, et sans doute elle
vient encore de plus loin et de plus haut, puisqu'elle
vient du ciel et du cœur de Dieu même, où Jésus, le
Verbe fait chair, le Fils de Dieu, prend une naissance
éternelle. Cependant l'astre bienfaisant qui réjouit la
terre, qui la réchauffe et l'éclaire, ne vient à elle que
par ses rayons ; pour lui, il reste dans les cieux. Il n'y
a qu'un soleil qui consente à quitter le trône de sa
gloire pour visiter les hommes, soleil de toute justice
comme de tout amour, lui seul franchit la distance ;
J.-C. nous a visités, il s'est assis sur notre terre, il a
reposé comme les plus petits d'entre nous sous le chaume
et sur la paille, il a conversé avec tous ; il faudra
donc aussi que la distance de la chaire à l'auditeur s'ef-
face et disparaisse ; et de la solitude où il se retire, et
de la montagne où il nous apparaît de loin, il faudra
donc aussi que le ministre d'un Dieu de bonté vienne
à nous ; oui, monsieur le Supérieur, il le faut, et vous
savez comme cela s'accomplit dans nos magnifiques
solitudes, dans ces promenades silencieuses et légè-
rement animées par de fraternels colloques, mais toujours protégées par d'épais ombrages des ardeurs du
midi ; c'est là aussi que la grandeur s'humanise et
qu'apparaissent sous des traits nouveaux la mansué-
tude et la bonté du Sauveur, faisant encore dans la personne qui le représente les premiers pas vers ses ti-
mides et trop craintifs apôtres.

» Et n'est-ce pas aussi ce que j'ai vu dans une cir-
constance pour moi bien nouvelle ? Je me promenais
dans une des belles allées ombragées du grand séminaire d'Amiens, lors de la dernière retraite, avec quelques prêtres auxquels je m'étais adjoint. Au moment
où je ne m'y attendais pas, Monseigneur s'avance à
ma rencontre, et me prenant affectueusement la main :
— Ah ! dites-moi, mon bon curé, quand donc vous

ai-je donné la confirmation ; dites-moi comment s'appelle votre paroisse, car je ne me la rappelle pas. — Monseigneur, lui dis-je, je n'ai pas l'honneur d'être de votre clergé, je suis du diocèse de Beauvais; mais j'ai ouï dire que même un étranger était toujours le bien accueilli chez vous, et je me suis rendu à votre retraite. — Soyez des nôtres, monsieur l'abbé, et restez avec nous, vous ne trouverez ici qu'une famille d'amis et de frères.

» Ainsi la question de savoir comment on agit sur les hommes est bien vite résolue ; une simple directrice de pension y répondrait sans peine ; mais je préfère avec vous, monsieur le Supérieur, une aussi touchante démonstration que la parole et l'exemple d'un evêque, lorsqu'il nous dit par ses propres démarches, *si les hommes ne viennent pas à vous, allez à eux et soyez au milieu d'eux comme l'un d'eux.*

» Je me reproche enfin, monsieur le Supérieur, de me trop renfermer peut-être dans le cercle des prélats qui tous marchent sur les pas de leur divin modèle ; j'aurais eu bien plus tôt fait de vous dire que tous les prêtres vertueux ne sont pour moi que des hommes de cœur.

» Que Soissons cultive comme la fleur de son chapitre, un chanoine aussi aimable que M. l'abbé Coignet, helléniste distingué, propagateur de bons livres ; je dis de lui : c'est un homme de cœur.

» Que tout Amiens s'arrête pour contempler au passage une figure pieuse, recueillie comme celle d'un bénédictin, expression admirable de science et de modestie, on saluera le digne archiprêtre de Montdidier, M. l'abbé de Beaumont, mais je dirai seulement de lui : c'est un homme de cœur.

» Que, dans tout le Beauvaisis, les fidèles paroissiens baisent, comme cela s'est pu voir et sans doute se verra encore, l'empreinte des pas qu'a laissés, dans toutes nos paroisses, l'admirable prédicateur rural, M. l'abbé Depuile ; ce digne et saint prêtre n'est rien de plus pour moi, qu'un homme de cœur.

» Que tout Versailles lui-même me montre à quelques pas de la basilique Saint-Louis, le vénérable chanoine M. Lambert, un excellent professeur de morale, un sage et pieux directeur, une belle âme, une âme droite, noble et grande, qui voit vite et bien. Voilà, dira-t-on, l'homme qui sut revêtir les plus sages conseils de toutes les formes gracieuses et enchanteresses d'une riante imagination, et qui, au prix de quelques centimes, popularisa une belle œuvre, digne des honneurs de l'Académie, le *Progrès des lumières*, quand d'ignobles spéculateurs nous jettent des fadaises à 7 fr. 50 le volume. Pour moi, je ne dirai jamais autre chose du digne et saint abbé : c'est un homme de cœur.

» C'en est assez, monsieur le Supérieur, à moins qu'il ne vous soit agréable que je vous parle d'un autre prêtre qui appartient plus que moi à tous les diocèses, et que, sans doute, vous aurez rencontré plus souvent que moi sur toutes les lignes de fer. C'est bien à la vérité le martyre des gloires de la très-sainte Vierge, lui qu'on voit tourner comme un fuseau, qui va d'une ligne à l'autre. Poussé, nous le croyons tous, par la main du céleste tisserand, ainsi va M. l'abbé Pillon, composant, pour l'honneur de notre divine Mère, une riche et magnifique draperie, où sa piété attache, chaque semaine, toutes les roses qu'il a pu recueillir de toutes les parties de la terre. Apôtre lui-même d'un nouveau monde, il embrasse tous les continents à la fois; il prête à tous le secours de sa voix et de ses aumônes.

» Bientôt, je l'espère, une église monumentale, élevée au milieu de peuplades immenses, dans le vaste diocèse du Kansas, portera le nom de l'infatigable apôtre à la reconnaissance des âges, et un jour le Seigneur dira à ses anges attendris : Voilà le saint prêtre qui m'a offert sur la terre une demeure magnifique, qu'il en ait une plus belle encore dans ma gloire, et que le Ciel tout entier lui-même soit la récompense de son dévouement et de son excellent cœur.

» Oh ! qu'il faut de cœur pour accomplir courageusement et jusqu'à la fin tous les devoirs que renferme ce petit mot si court et pourtant si profond : VEILLEZ; que telle soit donc, monsieur le Supérieur, la parole qui résume toute cette lettre. Veillez, dirai-je aux bonnes familles qui m'ont paru si dignes de l'intérêt qu'elles inspirent; veillez, dirai-je également à une jeunesse chrétienne et sérieuse; oh! sans doute, pendant ces longs mois de vacances, il y aura fêtes et repos pour tous; les livres chômeront; les loisirs se succéderont, mais souvenez-vous bien qu'il est une chose pour laquelle le Ciel n'a fait ni repos, ni chômage, et cette seule chose, c'est la vigilance.

» Sortie de la famille pour présider, au sein des classes, une jeunesse studieuse; à la clôture des études, la vigilance ira s'asseoir au foyer de toutes les familles pour y présider aux plus charmants loisirs. La vigilance sera de toutes les fêtes, elle anoblira tous les jeux et tous les plaisirs en les rendant dignes du ciel qui nous les donne. Ah! permettez, monsieur le Supérieur, que je la salue, en finissant, d'un dernier hommage, et soyez assez bon pour accueillir vous-même avec indulgence l'églogue par laquelle je termine.

V

»L'autre jour, un jeune habitué de l'Institut de France, que je connais fort bien, m'aborde et me présente ce qu'il nommait un fragment inédit; on l'avait trouvé, ajoutait-il, dans les ruines de *Pompéi* et d'*Herculanum* au royaume de Naples. Ce qu'il y a de certain, c'est que ce poudreux fragment portait encore la fraîche empreinte de la poussière séculaire d'où on l'avait exhumé.

— Savez-vous ce que c'est que cela, me dit-il?

-- Ç'a m'a tout l'air, lui répondis-je, d'une églogue de Virgile, car ce latin respire le parfum de la bonne latinité; il est en vers, c'est du Virgile.

— Précisément, c'est une fleur échappée de la couronne du grand poëte,... une dernière églogue, rien que cela.

— Mais à quelle occasion?

— Laissez-moi vous le dire; ce sera court et simple, comme vous allez voir.

« Assez longtemps Virgile n'eut qu'à se louer de la garde fidèle que ses bergers faisaient à l'entour de leurs troupeaux. Plus d'une fois, ses chants inspirés avaient rendu aux bergers le bonheur de la vie champêtre en leur faisant comprendre que ce bonheur était tout près d'eux, dans leurs mains, dans leurs travaux, et qu'ils le trouveraient à ensemencer leurs terres et à paître leurs moutons. Tant que dura la jeunesse du poëte, l'avis fut écouté; tant que sa voix put se faire entendre, tout resta dans l'ordre... Mais vint la vieillesse et avec elle son cortége de douleurs. Virgile n'alla plus visiter les bergers, et les bergers ne le voyant plus, s'éloignèrent de leurs troupeaux. Virgile en fut inconsolable, il se mit à leur recherche et où pensez-vous, Monsieur, qu'il les trouva?

— Je n'en sais rien, répondis-je.

— Il les trouva dans l'antichambre de Mécènes et là, que faisaient ils? je vous le laisse à deviner...

» Indigné de les voir, ces bergers tant aimés, plongés dans je ne sais quel sommeil, le noble vieillard les interroge d'une voix pleine de douceur et de calme : Où sont-ils ces troupeaux que je contemplais avec tant de bonheur suspendus aux rochers des montagnes, que sont-ils devenus... Et voyant qu'ils l'écoutaient confus et silencieux, sans trouver une réponse, il leur fit cet apologue.

Tityre à Corydon tint un jour ce langage :
Maître, que dirais-tu de l'épouse volage,
Imprudente, légère, et partant sans amis,
N'ayant pour tout rempart qu'un essaim d'étourdis?
— Moins à plaindre serait une pauvre hirondelle
Sur un nid de serpents prêts à fondre sur elle.
— Parlé comme un poteau qui parle comme toi.
Mais c'était au vieux temps : maîtresse enfin de soi,
Tandis que son Mentor, à la ramure altière,
Egalait en courant les pas de la lumière,
Une biche en dansant égayait ses loisirs,
A sa mère songeait, et disait : Quels plaisirs !
Mère, tu me faisais un tableau trop sévère :
Ces bois, me disais-tu, ne sont qu'un champ de guerre ;
Jamais tu ne voyais dans la saison des fleurs
Que piéges décevants, que masques imposteurs,
Et sous peau de mouton que traître, lâche infame.
— Un poteau qui l'entend, s'étonne et dit: Madame,

Jadis un vieux serpent qu'on nommait seigneur Dol,
Vivait ami d'un loup qu'on nommait seigneur Vol,
C'étaient deux grands seigneurs, riches de courtoisie,
Mais d'honneur, halte-là ! c'est ce que je dénie.
Dol et Vol seraient-ils vos amis chaleureux !
Mais ce ne sont pour moi que drôles dangereux.
Les échos d'alentour vous diront leur histoire :
'L'un pipe le passant ; l'autre, sous sa mâchoire,
Vous brise l'ingénu qui les crut gens de bien,
Madame, croyez-moi, je n'en voudrais pour rien ?
— Sur ce, dit Corydon, que fit la solitaire ?
— Pour réponse, Tityre écrivit sur la pierre :
« *Les bergers aux troupeaux ne manqueront jamais :*
Il leur faut des gardiens moins coureurs de palais. »

» J'ose espérer, monsieur le Supérieur, que nombre de bonnes et intéressantes familles se feront un plaisir d'accepter l'offrande que je leur fais par vos mains, et qu'en témoignage de satisfaction, vous m'ouvrirez vous-même à deux battants, aux futures retraites, non-seulement les portes du grand séminaire, mais encore celles de votre bon accueil.

» Veuillez agréez, monsieur le Supérieur, l'assurance de mon profond respect,

» VACHETTE, »

Prêtre de Notre-Dame de Compiègne.

Versailles, 15 août 1860.